Audrey Cosson
Fotos von Claudia Gödke

# Buddha Bowls

## Die besten Rezepte für Körper und Seele

Bassermann

# INHALT

SALZ + PFEFFER

### Saucen



### Fleisch



### Fisch



### Vegetarisch



### Desserts

## Zwei, drei Dinge vorweg

Buddha Bowl – das ist eine komplette, gesunde Mahlzeit in einer einzigen Schale. Schnell und unkompliziert!

Und was steckt drin? Ideal ist ein Verhältnis von einem Drittel Proteinen und zwei Dritteln Gemüse. Ursprünglich waren Buddha Bowls vegetarisch oder sogar vegan und enthielten Hülsenfrüchte und Getreide. Sie können aber auch tierische Proteine wie Huhn, Fisch oder Ei verwenden.

Beim Gemüse haben Sie eine große Auswahl: roh in gehobelter oder gewürfelter Form, in Wasser gekocht, in der Pfanne gebraten oder im Ofen geröstet.

Für einen knackigen Biss geben Sie naturbelassene oder leicht geröstete Ölsaaten (Mandeln, Pinienkerne, Sesam …) dazu.

Zuletzt folgt eine Sauce, um das Gericht abzurunden und ihm etwas Pep zu verleihen. Ob eine klassische Vinaigrette oder eine Joghurtsauce, auch hier haben Sie freie Hand.

Wer mag, reichert seine Buddha-Bowl noch mit Trockenfrüchten oder frischen Kräutern an.

Improvisieren Sie nach Herzenslust. Lassen Sie sich von den Rezepten in diesem Buch zu eigenen Kombinationen mit Ihren Lieblingszutaten inspirieren. Guten Appetit!

# SAUCEN

## JOGHURTSAUCE mit Tahini, Nuss- oder Erdnussmus

**In einer Schüssel verrühren:**

- 100 g griechischen Joghurt
- 1 EL Tahini, Cashew-, Erdnuss- oder Haselnussmus
- Saft von ¼ Zitrone
- Paprikapulver (nach Belieben)
- 1 TL Olivenöl
- Salz, Pfeffer

## VINAIGRETTE mit Balsamico

**In einer Schüssel verrühren:**

- 4 EL Olivenöl
- 1 EL Balsamico-Essig
- Salz, Pfeffer

## PESTO auf die Schnelle

**Im Mixer pürieren:**

- 2 Bund Kräuter nach Wahl ohne harte Stiele (Basilikum, Minze, Salbei, Petersilie, Rucola)
- 15 g Pinienkerne
- 1 Knoblauchzehe, abgezogen, entkeimt und gehackt
- 1 Prise grobes Salz
- 50 g Parmesan, frisch gerieben
- 200 ml Olivenöl + etwas zum Verdünnen
- 2–3 schwarze Pfefferkörner

## JOGHURTSAUCE
### mit Kräutern und/oder Zitrone

In einer Schüssel verrühren:

- 100 g griechischen Joghurt
- ½ Bund Kräuter ohne harte Stiele (Basilikum, Minze, Petersilie, Koriander, Schnittlauch), fein gehackt
- Saft von ¼ Zitrone oder Limette
- 1 TL Olivenöl
- Salz, Pfeffer

## VINAIGRETTE
### mit Honig

In einer Schüssel verrühren:

- 4 EL Olivenöl
- 1 EL Apfelessig oder Zitrone
- 1 TL Honig
- 1 TL süßen Senf (nach Belieben)
- Salz, Pfeffer

## SOJA-INGWER-SAUCE
### mit Sesamöl, scharf oder mild

In einer Schüssel verrühren:

- 4 EL Sojasauce
- 1 TL Sesamöl
- 2-cm-Stück geschälten Ingwer, gehackt
- Sesamsaat (nach Belieben)
- einige Ringe Vogelaugenchili (nach Belieben)

# HÄHNCHENFILET mit Spargel und Dinkel

DAS REZEPT

**1** Die Filets halbieren oder in drei Teile schneiden. Den Spargel waschen, holzige Enden abschneiden und ggf. schälen. Den Dinkel in 500 ml kochendem Wasser 20–25 Minuten garen. Den Spargel 5 Minuten in kochendem Wasser blanchieren.

**2** Das Öl in einer Pfanne erhitzen und das Fleisch darin von jeder Seite 2–3 Minuten scharf anbraten. Den abgezogenen und gehackten Knoblauch zugeben und 2 Minuten mitbraten. Den Zitronensaft zufügen. 2 Minuten köcheln lassen, dann Petersilie, Salz und Pfeffer zugeben.

**3** Dinkel, Spargel, Fleisch und Bratensaft auf Schüsseln verteilen. Salzen, pfeffern und mit Zitronenschale und gehackter Petersilie bestreuen.



**FÜR 2 Personen**
**VORBEREITEN: 15 MIN.**
**GAREN: 40 MIN.**

LEICHT
und nährstoffreich!

# KALBSFILETSCHNITZEL
## mit Graupen und Gemüse

DAS REZEPT

**1** Die Graupen 30 Minuten in köchelndem Wasser garen.

**2** Das Fleisch in Scheiben schneiden und diese erst in gewürztem Mehl, dann in gewürztem Ei und zuletzt in Paniermehl wenden. Sie müssen jeweils ganz umhüllt sein. Das Pflanzenöl in einer Pfanne erhitzen und die panierten Fleischstücke darin von beiden Seiten knusprig braten.

**3** Graupen, halbierte Kirschtomaten und Zucchini in die Schalen verteilen und mit der Vinaigrette beträufeln. Das Fleisch darauf anrichten. Mit Kürbiskernen und Basilikum garnieren.



**FÜR 2 Personen**
**VORBEREITEN: 10 MIN.**
**GAREN: 50 MIN.**

Das mögen Kinder!

# RINDFLEISCH
## mit Wurzelgemüse

DAS REZEPT

**1** Den Backofen auf 200 °C vorheizen. Pastinaken und Süßkartoffel in gleich große Würfel schneiden. Mit 2 Esslöffeln Olivenöl, Paprikapulver, Salz und Pfeffer vermischen. 20 Minuten im Ofen garen. Den Reis gemäß Packungsangabe garen und zur Seite stellen.

**2** Das Fleisch in Streifen schneiden. Das restliche Öl in einer Pfanne erhitzen und das Fleisch darin rundherum anbraten. Salzen und pfeffern.

**3** Reis, Gemüse mit ausgetretenem Saft, Fleisch mit Bratensaft und Spinat in die Schalen verteilen. Mit Kresse bestreuen.



**FÜR 2 Personen**
**VORBEREITEN: 10 MIN.**
**GAREN: 45 MIN.**

Herzhaft und leicht süßlich!

# ENTE MIT RADIESCHEN und Champignons

DAS REZEPT

**1** Die Hälfte des Zitronensafts mit Essig und Honig verrühren. Die in Scheiben geschnittenen Radieschen hineingeben und im Kühlschrank marinieren.

**2** In Scheiben geschnittene Champignons, gewürfelte Schalotte, Joghurt, die Hälfte des Schnittlauchs und den restlichen Zitronensaft vermischen. Salzen und pfeffern.

**3** Die Entenbrustfilets in Stücke schneiden. Etwas Öl in einer Pfanne erhitzen und das Fleisch darin rundherum braun anbraten.

**4** Champignons, Rucola, Saaten, Fleisch und eingelegte Radieschen in die Schalen verteilen. Mit dem restlichen Schnittlauch bestreuen.



**FÜR 2 Personen**

**VORBEREITEN: 10 MIN.**
**GAREN: 2 MIN.**
**MARINIEREN: 1 STD.**

Säuerlich
und pikant!

# FLEISCHKLÖSSCHEN mit Steinpilzen und Quinoa

DAS REZEPT

**1** Die Quinoa in 500 ml kochendem Wasser 12 Minuten garen.

**2** Die Schalotte hacken und die Frühlingszwiebeln in Ringe schneiden. Das Hackfleisch mit Schalotte, Frühlingszwiebeln und etwas Salz und Pfeffer vermengen und zu Bällchen formen. Das Öl in einer Pfanne erhitzen und die Fleischbällchen darin rundherum braun braten. Zur Seite stellen. Die Steinpilze in dünne Scheiben schneiden und mit dem Knoblauch in der Pfanne anbraten.

**3** Quinoa, Fleischklößchen, Pilze und Pesto in die Schalen verteilen. Mit Basilikum bestreuen, salzen und pfeffern.



FÜR **2** Personen
VORBEREITEN: 15 MIN.
GAREN: 15 MIN.

Ein schönes Rezept für den Herbst!

# ERDNUSSHÄHNCHEN mit Gurke und Reis

DAS REZEPT

**1** Die Gurke in Würfel schneiden und die Erdnüsse hacken. Mit der Hälfte der Sojasauce und gehacktem Koriander mischen. Den Reis gemäß Packungsangabe garen.

**2** Knoblauch und Ingwer hacken und mit Kokosmilch, Erdnussmus, Zucker und restlicher Sojasauce 5 Minuten bei mittlerer Hitze unter ständigem Rühren köcheln lassen. Die Sauce abkühlen lassen. Das Fleisch würfeln und in die Sauce tauchen. Öl in einer Pfanne auf hoher Stufe erhitzen und das Fleisch darin rundum braten. Auf Spieße stecken.

**3** Reis, Gurke und Spieße in die Schalen verteilen. Pfeffern. Mit den Sojasprossen und dem restlichen Koriander bestreuen.



**FÜR 2 Personen**
**VORBEREITEN: 10 MIN.**
**GAREN: 10 MIN.**

Ein Fest für die
Geschmacksknospen!

# LACHS MIT Avocado und Quinoa

DAS REZEPT

**1** Die Quinoa in 500 ml kochendem Wasser 12 Minuten garen.

**2** Den Lachs in Würfel schneiden und im Sesam wälzen. Öl in einer Pfanne auf hoher Stufe erhitzen und den Lachs darin mit 1 Esslöffel Vinaigrette von jeder Seite 1 Minute braten.

**3** Die Avocado schälen, entkernen und würfeln, den Kohlrabi gut waschen und in dünne Scheiben schneiden. Mit Quinoa, Lachs und Portulak in die Schalen verteilen. Mit der restlichen Vinaigrette und dem Zitronensaft beträufeln und mit Pfeffer würzen.



**FÜR 2 Personen**
**VORBEREITEN: 10 MIN.**
**GAREN: 16 MIN.**

# GARNELEN mit Kokos und Ingwer

**1** Knoblauch und Ingwer hacken. Das Öl in einer Pfanne erhitzen und Knoblauch und Ingwer darin anbraten. Die Garnelen zugeben und goldbraun braten. Kokosmilch und Zitronensaft zugeben und alles 10 Minuten bei kleiner Hitze köcheln lassen.

**2** Die Erbsen 5 Minuten in kochendem Wasser blanchieren. Den Reis garen.

**3** Reis, Erbsen und Garnelen mit Sauce in die Schalen verteilen. Mit fein gehackten Cashewkernen und gehacktem Koriander bestreuen. Nach Belieben mit Salz und Pfeffer bestreuen und mit Zitronenvierteln anrichten.



**FÜR 2 Personen**
**VORBEREITEN: 10 MIN.**
**GAREN: 15 MIN.**

Großzügig
mit Ingwer
würzen!

# KABELJAU mit Gemüse und Buchweizen

DAS REZEPT

**1** Den Backofen auf 180°C vorheizen. Die Zucchini in Stücke schneiden. Die Tomaten würfeln und die Paprika in Streifen schneiden. Das Gemüse mit gehacktem Knoblauch und 2 Esslöffeln Olivenöl mischen und 25 Minuten im Ofen garen.

**2** Die Zitrone vierteln. Den Fisch mit dem restlichen Olivenöl, Zitrone und Thymian in eine ofenfeste Form legen. Salzen und pfeffern. 12 Minuten im Ofen garen. Die Buchweizengrütze in 500 ml kochendem Wasser 15 Minuten garen.

**3** Buchweizen, Gemüse und Fisch in die Schalen verteilen. Salzen und pfeffern.

**Tipp:** Wer es noch aromatischer mag, gibt vor dem Garen eine halbe rote Zwiebel zum Ofengemüse.



FÜR **2** Personen
VORBEREITEN: 15 MIN.
GAREN: 50 MIN.

Wie das **duftet …**

# RÄUCHERLACHS mit Fenchelsalat

DAS REZEPT

**1** Den Bulgur in 500 ml kochendem Wasser bei geschlossenem Deckel 15 Minuten garen.

**2** Den Fenchel putzen und in feine Streifen schneiden, den Apfel in Stifte. Mit Joghurt, Cranberrys und Zitronensaft vermischen.

**3** Den Lachs in Streifen schneiden und mit Bulgur und Fenchelsalat in die Schalen verteilen. Salzen und mit rosa Pfeffer bestreuen.

**Tipp:** Wer möchte, bestreut alles mit fein gehacktem Fenchelgrün.



FÜR **2** Personen
VORBEREITEN: 10 MIN.
GAREN: 15 MIN.

Schmeckt
auch köstlich mit Sardinen.

# GARNELEN im Teig mit Reisnudeln

DAS REZEPT

**1** Speisestärke, Mehl und Backpulver mit 1,5 l eiskaltem Wasser verrühren. 30 Minuten in den Kühlschrank stellen. Die Reisnudeln nach Packungsangabe garen und zur Seite stellen.

**2** Die Garnelen in den Teig tauchen, dann im heißen Öl frittieren. Auf Küchenpapier abtropfen lassen. Leicht salzen.

**3** Gurke und Karotte in dünne Scheiben schneiden und mit Reisnudeln und Garnelen in die Schalen verteilen. Mit etwas Sojasauce beträufeln. Die restliche Sauce separat dazu servieren.

**Tipp:** Wer mag, garniert das Gericht zusätzlich mit Frühlingszwiebelringen oder seinen Lieblingssprossen.



FÜR **2** Personen

VORBEREITEN: 10 MIN.
GAREN: 5 MIN.
KÜHLEN: 30 MIN.

EIN REZEPT *aus Asien*

# ROTBARBE mit Dinkel und Tomaten

DAS REZEPT

**1** Den Dinkel-Bulgur in 500 ml kochendem Wasser bei geschlossenem Deckel 10–15 Minuten garen.

**2** Das Olivenöl in einer Pfanne stark erhitzen und die Rotbarbenfilets darin von jeder Seite 2–3 Minuten braten.

**3** Die Tomaten würfeln und die Oliven hacken. Mit Dinkel und Fischfilets in den Schalen anrichten. Salzen, mit zerdrücktem rosa Pfeffer und Leinsamen bestreuen, mit der Vinaigrette übergießen und mit Petersilie garnieren.



**FÜR 2 Personen**
**VORBEREITEN: 10 MIN.**
**GAREN: 20 MIN.**

SO DUFTET
die Küche des Südens.

# LINSENSALAT mit Lachs

DAS REZEPT

**1** Das Ei 5–8 Minuten in kochendem Wasser garen. Abschrecken, abkühlen lassen und pellen.

**2** Die Linsen in kochendem Wasser 15 Minuten garen. Linsen, gehackte Schalotte und die Hälfte des Schnittlauchs mit der Vinaigrette mischen. Salzen und pfeffern. Den Lachs in Würfel schneiden und im Zitronensaft wenden.

**3** Linsensalat, Lachs und Radicchio in die Schalen geben. Mit dem restlichen Schnittlauch und den Leinsamen bestreuen. Salzen und pfeffern. Unmittelbar vor dem Servieren das gekochte Ei halbieren und darauf anrichten.



**FÜR 2 Personen**
VORBEREITEN: 10 MIN.
GAREN: 20 MIN.

SCHMECKT
auch zum Brunch!

# KICHERERBSEN mit Curry, Spinat und Reis

DAS REZEPT

**1** Den Reis in reichlich kochendem Wasser 10 Minuten garen.

**2** Die Frühlingszwiebeln in Ringe schneiden. Die Chili entkernen und in Ringe schneiden. Den Ingwer reiben. Kichererbsen, Tomatensauce, Gewürze, Frühlingszwiebel- und Chiliringe mit Salz und Pfeffer in einem Topf zum Kochen bringen, dann mit geschlossenem Deckel bei schwacher Hitze 10–15 Minuten köcheln lassen.

**3** Reis, Kichererbsenmischung (Zimtstange entfernen), Spinat und Joghurtsauce in die Schalen verteilen und mit dem Zitronensaft beträufeln.



FÜR **2** Personen
VORBEREITEN: 10 MIN.
GAREN: 25 MIN.

Vegetarisch
und superlecker!

# GRÜNE LINSEN mit Karotte und Apfel

DAS REZEPT

**1** Die Linsen in kochendem Salzwasser 20 Minuten garen. Den Dinkel in kochendem Salzwasser 20–25 Minuten garen.

**2** Die Karotte raspeln und den Apfel entkernen und fein würfeln. Linsen, Dinkel, Karotte, Apfel und 2 Zitronenscheiben in die Schalen füllen. Mit Kürbiskernen und gehacktem Dill bestreuen. Nach Belieben salzen. Mit der Vinaigrette übergießen und servieren.



**FÜR 2 Personen**
VORBEREITEN: 10 MIN.
GAREN: 45 MIN.

Ein leckeres
Herbstgericht

# GEBACKENER KÜRBIS mit Quinoa und Feta

DAS REZEPT

**1** Den Backofen auf 180°C vorheizen. Den Kürbis schälen, in Würfel schneiden und diese auf einem Backblech verteilen. Mit Zimt bestreuen und mit der Hälfte der Vinaigrette beträufeln. 20 Minuten im Ofen backen.

**2** Quinoa in 500 ml kochendem Wasser in einem Topf mit geschlossenem Deckel 12 Minuten garen.

**3** Quinoa, Rucola, zerbröselten Feta und Kürbiswürfel in die Schalen verteilen. Mit gehackten Mandeln und Cranberrys bestreuen. Mit der restlichen Vinaigrette beträufeln und mischen.



FÜR **2** Personen

VORBEREITEN: 10 MIN.
GAREN: 32 MIN.

Das schmeckt nach
Griechenland!

# ROTE BETE
## mit Reis und jungem Gemüse

DAS REZEPT

**1** Den Reis in reichlich Salzwasser 30–35 Minuten bzw. nach Packungsangabe garen.

**2** Die Roten Beten würfeln und mit Reis, Salat und Kresse in die Schalen verteilen. Salzen und pfeffern. Die Joghurtsauce zufügen und mischen.



**FÜR 2 Personen**
VORBEREITEN: 10 MIN.
GAREN: 35 MIN.

Vorgegarte **Rote Bete** Kaufen:
Damit spart man **Zeit**.

# FALAFEL
## mit Taboulé und Blumenkohl

DAS REZEPT

**1** Kichererbsen, Knoblauch, die Hälfte von Koriander, Petersilie, Zwiebel, Sesam, Kreuzkümmel und Chiliflocken im Mixer zu einer glatten Masse zerkleinern. Kugeln daraus formen. Das Öl in einem Topf erhitzen und die Falafel darin goldbraun frittieren.

**2** Die Tomaten würfeln und die rote Zwiebel schälen und hacken. Mit den restlichen Kräutern in einer Schüssel mischen. Den Blumenkohl im Mixer fein zerkleinern. Die Rosinen einrühren und mit Zitronensaft abschmecken.

**3** Blumenkohl, Tomatenmischung, etwas Hummus (mit Paprikapulver verrührt) und die heißen Falafel in Schalen verteilen und servieren.



FÜR **2** Personen
VORBEREITEN: 15 MIN.
GAREN: 5 MIN.

EIN REZEPT aus dem *Libanon*

# MEXIKANISCHE BOWL nach Taco-Art

DAS REZEPT

**1** Die Bohnen 10 Minuten in 200 ml kochendem Wasser mit Chiliringen, Salz und Pfeffer köcheln lassen.

**2** Die Joghurtsauce mit dem Limettenabrieb verrühren. Die Tomaten in Würfel schneiden und mit Chilibohnen, Guacamole, Joghurtsauce in die Schalen verteilen. Die Maistortillas in Dreiecke schneiden und in den Schalen anrichten. Mit Koriander bestreuen und mit Limettensaft beträufeln.

**Kleines Extra:**
Für eine schnelle Guacamole das Fruchtfleisch von 1 Avocado mit 1 Spritzer Zitronensaft verrühren. 1 Schuss Olivenöl und ½ fein gewürfelte Zwiebel unterrühren. Salzen und pfeffern. Nach Belieben mit frischem Koriander und gemahlenem Kreuzkümmel würzen.



FÜR **2** Personen
VORBEREITEN: 15 MIN.
GAREN: 10 MIN.

Den Sombrero nicht vergessen!

# GEGRILLTER TOFU mit Soba und Shiitake

DAS REZEPT

**1** Den Tofu würfeln, Knoblauch und Ingwer hacken und alles mit der Soja-Ingwer-Sauce vermischen. Abdecken und 1 Stunde im Kühlschrank marinieren. Gelegentlich umrühren.

**2** Pflanzenöl in einer Pfanne auf hoher Stufe erhitzen und den abgetropften Tofu darin hellbraun anbraten. Zur Seite stellen. Die Marinade hineingeben und einkochen. Die Pilze darin 2 Minuten goldbraun braten. Zur Seite stellen. Den in Streifen geschnittenen Kohl 2 Minuten unter Rühren dünsten. Inzwischen die Nudeln kochen.

**3** Nudeln, Tofu, Pilze und Kohl in die Schalen verteilen. Mit Frühlingszwiebelringen garnieren.



**FÜR 2 Personen**

**VORBEREITEN: 15 MIN.**
**GAREN: 10 MIN.**
**MARINIEREN: 1 STD.**

Japanisch inspiriert!

# VOLLKORNNUDELN mit Mozzarella und Zucchini

DAS REZEPT

**1** Die Zucchini in Scheiben schneiden. Etwas Pestoöl in einer Pfanne erhitzen und die Zucchini darin weich dünsten.

**2** Die Nudeln gemäß Packungsangabe kochen, dann abgießen und mit dem Pesto mischen.

**3** Die Nudeln mit Pesto, Zucchini und Mozzarella in die Schalen verteilen. Mit gerösteten Pinienkernen und Basilikum bestreuen, dann salzen, pfeffern und mischen.



**FÜR 2 Personen**
**VORBEREITEN: 15 MIN.**
**GAREN: 20 MIN.**

Ein Gericht
für den Spätsommer

# DHAL MIT LINSEN, Reis und Erdnüssen

DAS REZEPT

**1** Zwiebel und Knoblauch hacken und mit Linsen und Curry in 700 ml Wasser zum Kochen bringen, dann abgedeckt bei schwacher Hitze 20 Minuten köcheln lassen.

**2** Den Reis 10–15 Minuten köcheln lassen.

**3** Linsen, Reis und Joghurtsauce mit gehacktem Koriander in die Schalen verteilen. Mit gehackten Erdnüssen bestreuen und mit Salz und Pfeffer kräftig würzen.



**FÜR 2 Personen**
**VORBEREITEN: 10 MIN.**
**GAREN: 30 MIN.**

KÖSTLICH
und vollwertig!

# POCHIERTE EIER
## mit Avocado und Hirse

DAS REZEPT

**1** Die Hirse in 500 ml kochendem Wasser in einem Topf mit geschlossenem Deckel 20 Minuten garen.

**2** Die Eier in kochendem Wasser 4 Minuten pochieren. Vorsichtig abtropfen lassen.

**3** Die Avocado schälen, entkernen und in Streifen schneiden. Die Radieschen in feine Scheiben schneiden. Hirse, Avocado- und Radieschenscheiben sowie Eier in die Schalen verteilen. Mit Zitronensaft und Olivenöl beträufeln, dann mit Leinsamen und Sprossen bestreuen. Salzen und pfeffern.



FÜR **2** Personen
VORBEREITEN: 15 MIN.
GAREN: 24 MIN.

Das Eigelb sollte noch flüssig sein.

# FENCHEL MIT HALLOUMI und Grünkohl

DAS REZEPT

**1** Den Fenchel in dünne Streifen schneiden. 1 Esslöffel Olivenöl in einer Pfanne erhitzen und den Fenchel darin dünsten. Wenn er glasig wird, Orangensaft und Salz zugeben. Bei schwacher Hitze köcheln lassen, bis die Flüssigkeit eingekocht ist. Zur Seite stellen.

**2** Den gehackten Grünkohl salzen und bei starker Hitze in der Pfanne weich dünsten. Zur Seite stellen. Den Halloumi im restlichen Öl goldbraun braten.

**3** Fenchel, Grünkohl und Halloumi in die Schalen verteilen. Mit gehacktem Dill und rosa Pfeffer bestreuen, dann salzen.

**Achtung:** Wenn der Halloumi abkühlt, bekommt er eine gummiartige Konsistenz. Darum die Bowls servieren, sobald der Halloumi fertig gebraten ist.



FÜR **2** Personen
VORBEREITEN: 15 MIN.
GAREN: 10 MIN.

UNBEDINGT
heiß servieren!

# KARTOFFELN MIT Aubergine, Spinat und Weizen

DAS REZEPT

**1** Den Backofen auf 200°C vorheizen. Aubergine und Kartoffeln würfeln. Auf einem Backblech verteilen. Mit 2 Esslöffeln Olivenöl beträufeln und mit Paprikaflocken, Salz und Pfeffer bestreuen. 20–30 Minuten im Ofen garen.

**2** Den Weizen gemäß Packungsangabe garen und zur Seite stellen.

**3** Das restliche Öl in einer Pfanne erhitzen und den gehackten Knoblauch darin 1 Minute braten. Den gehackten Spinat zugeben und 2–3 Minuten dünsten. Vom Herd nehmen. Salzen und pfeffern.

**4** Weizen, Spinat, Ofengemüse und Joghurt in die Schalen verteilen. Mit Petersilie bestreuen.



**FÜR 2 Personen**
**VORBEREITEN: 15 MIN.**
**GAREN: 40 MIN.**

Das kommt bei
Gästen gut an!

# KICHERERBSEN MIT JOGHURT
## Roter Bete und Feta

DAS REZEPT

**1** Das Brot in Stücke zerteilen und bei 200 °C im Backofen 5–10 Minuten rösten.

**2** Die Rote Bete mit der Hälfte des Tahini und 1 Knoblauchzehe sowie Kreuzkümmel und Zitronensaft im Mixer pürieren. Die Kichererbsen 10 Minuten mit dem Joghurt und dem restlichen Tahini erwärmen.

**3** Das Butterschmalz in einer Pfanne erhitzen und restlichen gehackten Knoblauch und Mandeln darin anbraten, dann zur Seite stellen. Den Spinat 2 Minuten in der Pfanne dünsten.

**4** Kichererbsenmischung, Spinat, Rote-Bete-Püree und Brotstücke in Schüsseln verteilen. Mit Knoblauchmandeln und Paprika bestreuen.



FÜR **2** Personen
VORBEREITEN: 15 MIN.
GAREN: 25 MIN.

Bunt wie ein
Regenbogen

# SMOOTHIE BOWL mit Mango und Banane

DAS REZEPT

**1** Die Mango in Würfel und die Bananen in Stücke schneiden. Mit Haferdrink im Mixer glatt pürieren.

**2** Den Smoothie in die Schalen verteilen, dann die restlichen Zutaten in Streifen darauf anrichten.



**FÜR 2 Personen**
**VORBEREITEN: 10 MIN.**

WIE
eine Torte, aber
ohne Backofen!

# GRANOLA mit Feigen und Joghurt

DAS REZEPT

**1** Den Backofen auf 160°C vorheizen. Ein Backblech mit Backpapier auslegen. Buchweizen, Haferflocken, Sesam, Haselnüsse, zerlassenes Kokosöl und 1 Esslöffel Honig mischen. In einer dünnen Schicht auf dem vorbereiteten Backblech verteilen und 15 Minuten im Ofen backen. Zwischendurch 2- oder 3-mal umrühren. Zur Seite stellen.

**2** Die Feigen vierteln. Den Joghurt in die Schalen füllen. Auf jede etwas Knuspermüsli geben, dann Feigen und Granatapfelkerne. Den restlichen Honig darauf verteilen.

**Tipp:** Das restliche Granola in einem luftdicht schließenden Behälter aufbewahren.



**FÜR 2 Personen**
**VORBEREITEN: 15 MIN.**
**GAREN: 15 MIN.**

AUGENWEIDE
zum Frühstück!

# CHIA PUDDING mit Kakao und Beeren

DAS REZEPT

**1** Kakaopulver und Acaipulver in einer Schüssel mischen. Den Mandeldrink langsam zugießen und alles sorgfältig glatt verrühren. Chiasamen und Agavendicksaft zugeben und erneut umrühren.

**2** 15 Minuten quellen lassen, zwischendurch regelmäßig rühren. In Schalen füllen und mindestens 2 Stunden in den Kühlschrank stellen.

**3** Kurz vor dem Servieren mit Kakaonibs, gerösteten Kokosspänen und Früchten anrichten.



FÜR **2** Personen
VORBEREITEN: 15 MIN.
KÜHLEN: 2 STD.

HERRLICH
schokoladig!

# PORRIDGE mit Zimt

DAS REZEPT

**1** 450 ml Wasser in einem Topf mit Haferflocken, Zimt, der Hälfte der Physalis, den Cranberrys und dem Ahornsirup zum Kochen bringen. Bei schwacher Hitze mit geschlossenem Deckel 10–15 Minuten köcheln lassen. Regelmäßig umrühren.

**2** In die Schalen verteilen, mit gerösteten und gehackten Mandeln, Himbeeren und restlichen Trockenfrüchten bestreuen und mit dem Ahornsirup beträufeln.



FÜR **2** Personen
VORBEREITEN: 10 MIN.
GAREN: 15 MIN.

BESSER
als im Restaurant!

# KOKOSREIS mit Banane und Macadamias

DAS REZEPT

**1** Die Banane schälen, in Scheiben schneiden und mit Reis, Kokosmilch, Honig und Vanilleschote in einem Topf zum Kochen bringen. Bei schwacher Hitze 15 Minuten köcheln lassen. Regelmäßig umrühren.

**2** Die Kiwi schälen und in Scheiben schneiden, die Macadamias rösten und hacken.

**3** Die Vanilleschote aus dem Kokosreis nehmen. Den Reis in die Schalen verteilen und mit Kiwischeiben und Macadamias garnieren.



**FÜR 2 Personen**
**VORBEREITEN: 10 MIN.**
**GAREN: 15 MIN.**

Ein Frühstück
zum Dahinschmelzen!

# MEINE KLEINE Einkaufsliste

S. 8

## Joghurtsauce mit Tahini, Nuss- oder Erdnussmus

100 g griechischer Joghurt
1 EL Tahini, Cashew-,
Erdnuss- oder Haselnussmus
¼ Zitrone
Paprikapulver (nach Belieben)

## Pesto auf die Schnelle

2 Bund Kräuter nach Wahl
(Basilikum, Minze, Salbei,
Petersilie, Rucola)
15 g Pinienkerne
1 Knoblauchzehe
50 g Parmesan

## Vinaigrette mit Balsamico

1 EL Balsamico-Essig

S. 9

## Joghurtsauce mit Kräutern und/oder Zitrone

100 g griechischer Joghurt
½ Bund Kräuter nach Wahl
(Basilikum, Minze, Petersilie,
Koriander, Schnittlauch)
¼ Zitrone oder Limette

## Vinaigrette mit Honig

1 EL Apfelessig oder Zitrone
1 TL Honig
1 TL süßen Senf (nach Belieben)

## Soja-Ingwer-Sauce mit Sesamöl, scharf oder mild

4 EL Sojasauce
1 TL Sesamöl
2-cm-Stück Ingwer
Sesamsaat (nach Belieben)
Vogelaugenchili (nach Belieben)

S. 10

## Mariniertes Hähnchen mit Spargel und Dinkel

2 Hähnchenbrustfilets
150 g Dinkel
1 Bund grüner Spargel
½ Bund Petersilie
1 Zitrone
2 Knoblauchzehen

S. 12

## Kalbsfiletschnitzel mit Graupen und Gemüse

300 g Kalbsfilet
150 g Perlgraupen
75 g Paniermehl
50 g Mehl
1 Ei
1 Zucchini
10 Kirschtomaten

S. 14

## Rindfleisch mit Wurzelgemüse

400 g Rumpsteak
150 g Naturreis
2 Pastinaken
1 Süßkartoffel
1 Handvoll junger Blattspinat
1 EL Paprikapulver
Kresse

S. 16

## Ente mit Radieschen und Champignons

2 Entenbrustfilets
4 EL griechischer Joghurt
6 kleine Champignons
5 Radieschen
1 Handvoll Rucola
½ Schalotte
1 Zitrone
1 EL gemischte Saaten
1 EL Honig

S. 18

## Fleischklößchen mit Steinpilzen und Quinoa

300 g Rinderhack
100 g schwarze Quinoa
6 Steinpilze
3 Frühlingszwiebeln
1 Schalotte
1 Knoblauchzehe
Basilikum
Pesto (siehe S. 8)

S. 20

## Erdnusshähnchen mit Gurke und Reis

2 Hähnchenbrustfilets
150 g Basmatireis
150 ml Kokosmilch
½ Gurke
2 EL Erdnüsse
1 EL Sojasprossen
2 EL Sojasauce
2 EL Erdnussmus
1 EL brauner Zucker
1 Knoblauchzehe
3-cm-Stück Ingwer
Koriander

S. 22

## Lachs mit Avocado und Quinoa

250 g frischer Lachs
100 g rote Quinoa
1 Avocado
½ Kohlrabi
1 Handvoll Portulak
2 EL Sesamsaat
Vinaigrette mit Balsamico (siehe S. 8)

S. 24

## Garnelen mit Kokos und Ingwer

10 große gegarte Garnelen
150 g Naturreis
400 ml Kokosmilch
200 g Erbsen
1 EL Cashewkerne
3-cm-Stück Ingwer
1 Knoblauchzehe
1 Zitrone
Koriander

S. 26

## Kabeljau mit Gemüse und Buchweizen

4 Kabeljaufilets ohne Haut
150 g Buchweizengrütze
3 Tomaten
1 Zucchini
½ Paprikaschote
1 Zitrone
1 Knoblauchzehe
Thymian

S. 28

## Räucherlachs mit Fenchelsalat

6 Scheiben Räucherlachs
150 g Bulgur
30 g getrocknete Cranberrys
4 EL Naturjoghurt
½ Knolle Fenchel
½ säuerlicher Apfel
½ Zitrone

S. 30

## Garnelen im Teig mit Reisnudeln

6 große Garnelen
100 g Mehl
60 g Speisestärke
10 g Backpulver
150 g Reis-Vernicelli
½ Karotte
½ Gurke
Soja-Ingwer-Sauce (siehe S. 9)

S. 32

## Rotbarbe mit Dinkel und Tomaten

4 geschuppte Rotbarbenfilets
150 g Dinkel-Bulgur
2 Tomaten
10 schwarze Oliven
1 EL Leinsamen
Vinaigrette mit Honig (siehe S. 8)
Petersilie

S. 34

## Linsensalat mit Lachs

3 Scheiben Räucherlachs
150 g schwarze Belugalinsen
1 Ei
1 Radicchio
½ Schalotte
2 EL Leinsamen
1 Zitrone
Vinaigrette mit Balsamico (siehe S. 8)
Schnittlauch

S. 36

## Kichererbsen mit Curry, Spinat und Reis

400 g Kichererbsen
150 g Basmatireis
400 ml Tomatensauce
200 g junger Blattspinat
2 Frühlingszwiebeln
1 EL Madras-Currypulver
1 Chilischote
3-cm-Stück Ingwer
½ Zitrone
1 Stange Zimt
Joghurtsauce mit Koriander (siehe S. 9)

S. 38

## Grüne Linsen mit Karotte und Apfel

150 g grüne Puy-Linsen
150 g Dinkel
1 Apfel
1 Karotte
20 g Kürbiskerne
1 Zitrone
Vinaigrette mit Honig (siehe S. 9)
Dill

S. 40

## Gebackener Kürbis mit Quinoa und Feta

750 g Butternutkürbis
100 g Quinoa
100 g Feta
50 g Mandelkerne
50 g getrocknete Cranberrys
1 Handvoll Rucola
1 TL Zimt
Vinaigrette mit Honig (siehe S. 9)

S. 42

## Rote Bete mit Reis und jungem Gemüse

2 gekochte Rote Beeten
150 g Wildreis
1 Handvoll Pflücksalat
Joghurtsauce mit Zitrone (siehe S. 9)
Kresse

S. 44

## Falafel mit Taboulé und Blumenkohl

500 g Kichererbsen aus der Dose
100 g Hummus
½ Blumenkohl
2 Tomaten
½ rote Zwiebel
½ Zwiebel
½ Zitrone
2 Knoblauchzehen
1 EL geröstete Sesamsaat
1 TL Chiliflocken
1 TL Rosinen
1 TL Kreuzkümmel
1 TL Paprikapulver
Koriander
Petersilie

S. 46

## Mexikanische Bowl nach Taco-Art

2 Maistortillas
350 g gegarte rote Bohnen
100 g Guacamole
3 Tomaten
1 Limette
1 grüne Chili
Joghurtsauce mit Limette (siehe S. 9)

S. 48

## Gegrillter Tofu mit Soba und Shiitake

200 g Tofu
200 g Sobanudeln
250 g kleine Shiitake-Pilze
½ Weißkohl
2 Frühlingszwiebeln
1 Knoblauchzehe
3-cm-Stück Ingwer
Soja-Ingwer-Sauce (siehe S. 9)

S. 50

## Vollkornnudeln mit Mozzarella und Zucchini

200 g Vollkornnudeln
1 Zucchini
20 g Pinienkerne
6 Mini-Kugeln Büffel-Mozzarella
Basilikum
Pesto (Zutaten siehe S. 8)

S. 52

## Dhal mit Linsen, Reis und Erdnüssen

200 g rote Linsen
150 g Basmatireis
40 g ungesalzene Erdnüsse
1 rote Zwiebel
1 Knoblauchzehe
1 EL Madras-Currypulver
Joghurtsauce mit Koriander (siehe S. 9)
Koriander

S. 54

## Pochierte Eier mit Avocado und Hirse

2 Eier
125 g Hirse
1 Avocado
5 Radieschen
1 Zitrone
1 EL Leinsamen
1 Handvoll Sprossen

S. 56

## Fenchel mit Halloumi und Grünkohl

1 Knolle Fenchel
8 Scheiben Halloumi
2 Blätter Grünkohl
1 Orange
Dill

S. 58

## Kartoffeln mit Aubergine, Spinat und Weizen

2 große Kartoffeln
100 g Weizenkörner
200 g Blattspinat
100 g griechischer Joghurt
½ Aubergine
1 Knoblauchzehe
2 EL Rauchpaprika

S. 60

### Kichererbsen mit Joghurt, Roter Bete und Feta

200 g Kichererbsen aus der Dose
2 Pitabrote
100 g griechischer Joghurt
20 g Butterschmalz
4 Handvoll junger Blattspinat
1 gegarte Rote Bete
2 EL Tahini
1 EL Paprikapulver
1 EL gehackte Mandeln
1 TL Kreuzkümmel
2 Knoblauchzehen
1 Zitrone

S. 62

### Smoothie Bowl mit Mango und Banane

300 g Mango (frisch oder TK)
500 ml Haferdrink
45 g Haferflocken
2 Bananen
1 Handvoll Himbeeren
2 EL Chiasamen
1 EL getrocknete Gojibeeren

S. 64

### Granola mit Feigen und Joghurt

200 g griechischer Joghurt
50 g gehackte Haselnüsse
40 g Haferflocken
40 g Buchweizengrütze
40 g geröstete Sesamsaat
2 Feigen
2 EL Kokosöl
2 EL Honig
1 EL Granatapfelkerne

S. 66

### Chia Pudding mit Kakao und Beeren

60 g Chiasamen
600 ml Mandeldrink
50 g Beeren (nach Belieben)
1 EL Acaipulver
1 EL Kakaopulver
1 EL Kokosspäne
2 TL Agavendicksaft
2 TL Kakaonibs

S. 68

### Porridge mit Zimt

80 g Haferflocken
50 g Himbeeren
4 EL Ahornsirup
2 EL getrocknete Physalis
2 EL getrocknete Cranberrys
1 EL gehackte Mandeln
1 Zimtstange

S. 70

### Kokosreis mit Banane und Macadamias

120 g Rundkornreis
800 ml Kokosmilch
50 g Macadamia-Nusskerne
2 EL Honig
1 Banane
1 Kiwi
1 Vanilleschote

- Grammangaben beziehen sich auf geputzte Ware.
- Bei Gerichten, in denen Zutaten angebraten werden, empfiehlt es sich, Pflanzenöl zu verwenden.
- Salz, Pfeffer und Olivenöl variieren in jedem Gericht und diese Zutaten sollten Sie immer griffbereit haben.

# Alphabetisches Rezeptverzeichnis

ISBN 978-3-8094-4487-9

1.Auflage


Originaltitel: Bouddha Bols



Für die deutsche Ausgabe
Umschlaggestaltung: Atelier Versen, Bad Aibling
Herstellung: Elke Cramer
Projektleitung: Anja Halveland

Für die französische Originalausgabe
Direction de la publication: Isabelle Jeuge-Maynart et Ghislaine Stora
Direction éditoriale: Émilie Franc
Édition: Alice Dauphin
Conception graphique et mise en pages: Émilie Laudrin
Couverture: Eliott Joussain
Informatique éditoriale: Philipe Cazabet
Fabrication: Donia Faiz



Realisierung der deutschen Ausgabe: trans texas publishing services GmbH, Köln
Übersetzung: Wiebke Krabbe, Damlos
Satz: Satzwerk Huber, Germering
Druck & Verarbeitung: PBtisk, a.s., Pribram
Printed in the Czech Republic

FSC www.fsc.org
MIX
Papier aus verantwortungsvollen Quellen
FSC® C004378

Penguin Random House Verlagsgruppe FSC® N001967